Was Mitarbeiter wirklich motiviert: Ein Bonussystem für Steuerkanzleien

von Prof. Dr. Thomas Siegel

Zorneding, 2017

2

Inhalt:

1. Ausgangslage

In Deutschland waren im Jahr 2016 rund 85.000 Steuerberater sowie 10.000 Steuerberatungsgesellschaften zugelassen. Etwa 70% der Steuerberater arbeiten als Selbständige in Einzelkanzleien oder Sozietäten. Einzelpraxen beschäftigen im Durchschnitt fünf, Sozietäten 20 Arbeitnehmer. Kleine und mittlere Kanzleien prägen also den Steuerberatermarkt in Deutschland. Ein Großteil der Steuerberater muss sich folglich in der Rolle des Arbeitgebers den Herausforderungen einer zukunftsorientierten Personalentwicklung stellen. Innovative Konzepte sind besonders gefragt, um ungewollte Fluktuation zu minimieren und neue Fachkräfte zu gewinnen. Denn lediglich 30% und damit rund 25.500 Steuerberater arbeiten im Angestelltenverhältnis. Das Angebot an potentiellen Mitarbeitern ist für Kanzleien also überschaubar. Somit sind die wichtigsten personalpolitischen Herausforderungen im Kampf um die Talente klar umrissen:

- Qualifizierte Fachkräfte finden
- Maßnahmen zur Mitarbeiterbindung entwickeln
- Aus- und Weiterbildungen gezielt fördern
- Zukunftsorientiert führen, gestalten und steuern in Zeiten stetigen Wandels.

Mit ihrem Engagement, ihren fachlichen Kompetenzen, persönlichen und sozialen Stärken tragen die Mitarbeiter entscheidend zum Unternehmenserfolg bei. Eine als gerecht empfundene Entlohnung beeinflusst die Zufriedenheit und Leistungsbereitschaft. Doch welches Gehalt überzeugt neue

Mitarbeiter? Sollte es neben jährlichen Gehaltsanpassungen zusätzliche Sonderzahlungen geben und wenn ja, wofür und in welcher Höhe? Investiert der Arbeitgeber in Fortbildungsmaßnahmen? Und letztlich, welches Entgeltkonzept führt intern zu mehr Leistungsgerechtigkeit und welche zusätzlichen Anreize wirken tatsächlich motivierend? Antworten auf diese Fragen muss ein optimal gestaltetes, für Mitarbeiter attraktives und transparentes Vergütungssystem liefern. Allerdings legen meine Beobachtungen in anderen Kanzleien, die Schilderungen meines DATEV-Betreuers und meines Zertifizierungsunternehmens die Vermutung nahe, dass die Vergütung bei der Mehrzahl kleiner und mittelständischer Kanzleien in diesem Sinn nicht einheitlich geregelt ist.

In der täglichen Arbeit von Steuerkanzleien kommt die Organisation des eigenen Betriebs leider oft zu kurz. Was Steuerberater ihren gewerblichen Mandanten dringend ans Herz legen, nämlich die internen Prozesse und Strukturen stetig anzupassen und zu verbessern, bleibt in der eigenen Kanzlei nicht selten auf der Strecke. Gründe dafür sind Termindruck, Überarbeitung, verbunden mit einer gewissen Unlust, die eigenen Dinge anzupacken.

Erstaunlich auch, dass gerade Gehaltsthemen in vielen Kanzleien als Tabu gelten, obwohl sie doch wesentlicher Bestandteil ihrer Beratungsdienstleistung sind. Auch in meiner Kanzlei mit derzeit 25 Mitarbeitern lief es über viele Jahre nicht anders: Die Gehälter wurden jährlich angepasst, fast jeder Angestellte erhielt einen Bonus, neu eingestellte Mitarbeiter setzten ihre Gehaltsforderungen weitgehend durch. Dazu prägten verschiedenste Vergütungsbestandteile wie Gutscheine, Gesundheitsförderung, Vermögenswirksame Leistungen (VWLs) oder Direktversicherungen die Gehaltspolitik. Das entsprach nach meinem und dem Empfinden der Mitarbeiter nicht mehr dem Selbstverständnis der Kanzlei.

Gemeinsam mit meiner für den Personalbereich verantwortlichen Kanzleileiterin habe ich ein zeitgemäßes Entlohnungsmodell mit variablem Vergütungsteil entwickelt und installiert. Es fördert eine offene, wertschätzende Gesprächs- und Feedbackkultur, die Motivation sowie die Identifikation der Mitarbeiter mit den Zielen der Kanzlei und kommt somit deren positiver Entwicklung zugute und trägt in meiner Kanzlei seit drei Jahren zur Zufriedenheit aller bei. Erfahren Sie, wie sich ein wirkungsvolles Gehaltssystem mit vergleichsweise geringem Aufwand gestalten und handhaben lässt und dass es gelingen kann, die Vergütung in der Steuerkanzlei ein Stück weit gerechter zu gestalten. Gleichzeitig zwingt die Konzeption dieses Vergütungssystems Kanzleileitung und Führungskräfte dazu, Ziele, Strategien, Prozesse und Maßnahmen im eigenen Unternehmen regelmäßig zu analysieren und gegebenenfalls zu überarbeiten.

2. Problemstellung – Herausforderung

Lohn, Gehalt, Vergütung, Salär, Entgelt – wie immer man es nennt – ist die vom Arbeitgeber vertraglich geschuldete Gegenleistung für die Leistung des Angestellten. Diese gängige Definition impliziert, dass es eine Abhängigkeit zwischen Leistung und Gehalt gibt. Allerdings belegen sowohl die Erfahrungen aus der Praxis als auch Forschungsergebnisse, dass eine zum Beispiel um 10% höhere Vergütung nicht zwingend zu einer 10% höheren Leistung führt. Andererseits belohnt der Arbeitgeber eine 10% höhere Leistung seines Mitarbeiters auch nicht konsequent mit einem 10% höheren Gehalt.

Offensichtlich ist das Grundgehalt allein kein ausschlaggebender Anreiz, sondern lediglich ein sogenannter Hygienefaktor. Ist es annehmbar ausgestaltet, wird es als selbstverständlich betrachtet und erst wenn es unakzeptabel ist, als Mangel empfunden. Motivierender wirken dagegen die Anerkennung der Leistung über zeitnahes Feedback, ein angenehmes Arbeitsumfeld und die Förderung der Mitarbeiter im Rahmen einer strukturierten Aus- und Fortbildung. Das gilt speziell für Wissensberufe und damit auch für die Steuerberatung.

Eine maßgebende Rolle spielt das Grundgehalt allerdings beim Einstellungsgespräch. Vor allem wenn sich beide Parteien nicht kennen und somit schwer einschätzen können, macht der Bewerber seine Entscheidung häufig von der Höhe des Einstiegsgehalts abhängig. Hier beobachte ich in den letzten Jahren aber häufig, dass sich Bewerber über die

Vergütung hinaus sehr ausführlich nach Fortbildungsmöglichkeiten, flexiblen Arbeitszeiten sowie nach der Mitarbeiterfluktuation erkundigen.

Kurzum: Ein Grundgehalt akquiriert, aber es motiviert nicht.

Vereinzelt richten Steuerberaterkanzleien ihre Vergütungsmodelle sehr stark am Umsatz der Mitarbeiter aus. Damit erwirtschaften diese Kanzleien einerseits hohe Renditen, zahlen ihren Mitarbeitern aber andererseits vergleichsweise hohe Gehälter. Auf den ersten Blick scheinen solche Modelle für beide Seiten charmant. Auf den zweiten Blick zeigt sich in der Praxis, dass sie mittel- und langfristig mehr Risiken als Chancen bergen: Unter anderem

- kämpfen Mitarbeiter innerhalb der Kanzlei um die lukrativsten Aufträge
- konzentrieren sie sich mehr auf den Umsatz als auf die Qualität
- übernehmen sie ungern Aufgaben in der Verwaltung und zur Entwicklung der Kanzlei
- investieren sie weniger Zeit in ein Neumandat

Da also eine zu stark leistungsorientierte Vergütung den Kanzleierfolg nicht nachhaltig erhöht und ein Festgehalt allein keine Basis für gerechte, leistungsorientierte und motivierende Entlohnung sein kann, habe ich nach einer Lösung gesucht, mit der sich die Vorteile beider Vergütungsformen verbinden und deren Nachteile weitgehend ausschließen lassen: Mein Modell einer variablen Vergütung bindet die Mitarbeiter über die Bewertung ihrer individuellen Leistungen und Fähigkeiten stärker in die strategischen und operativen Ziele der Kanzlei ein.

Allerdings erfordern Planung und kanzleigerechte Installierung des Kombinationsmodells einen nicht unerheblichen Zeitaufwand. Bestehende Vergütungsmodelle müssen im Sinne von Joseph Schumpeter zunächst „schöpferisch zerstört" werden. Das kann durchaus auch zu einer gewissen Unruhe im Team führen, der Sie aber mit einer offenen und konstruktiven Kommunikation entgegenwirken können. Vor allem wird ein neues Vergütungsmodell die Themen und den zeitlichen Aufwand der regelmäßigen Gehaltsgespräche (Sie führen doch welche?) beeinflussen.

Andererseits zahlt sich die Zeit, die Sie in Entwicklung und Implementierung investieren, in vielerlei Hinsicht aus. Indem Sie Verhaltensmerkmale wie Arbeitsweise, Leistungsfähigkeit und -bereitschaft Ihrer Angestellten kontinuierlich über das ganze Jahr hinweg beobachten, bewerten und besprechen, lernen Sie die Bedürfnisse, Stärken, Schwächen und Vorlieben Ihrer Mitarbeiter besser kennen. Eine fundierte Einschätzung der Kompetenzen und Potenziale ist die beste Voraussetzung, Mitarbeiter gezielt fördern und ihren Fähigkeiten entsprechend einsetzen zu können.

Umgekehrt beeinflusst das Wissen, beurteilt zu werden das Arbeitsverhalten. Es motiviert Mitarbeiter wenn ihr Engagement wertgeschätzt und entsprechend honoriert wird und wenn Gespräche – u. a. zu Beurteilung und Gehalt – auf Augenhöhe geführt werden. Ein Vergütungsmodell, das diese

Aspekte berücksichtigt, beeinflusst die Unternehmenskultur Ihrer Kanzlei in jedem Fall positiv. Voraussetzung für Verständnis und Akzeptanz bei Einführung und Ausgestaltung ist eine gut geplante, effektive Kommunikation.

Gleichzeitig verlangt die Entwicklung eines neuen Vergütungsmodells die permanente Auseinandersetzung mit der strategischen Ausrichtung, den Prozessen, der Organisation und den Zielen der Kanzlei. Das trägt letztlich dazu bei, das Unternehmen fit zu machen, um künftige Herausforderungen, die vor allem mit der Digitalisierung, dem Fachkräftemangel und dem demografischen Wandel einhergehen, erfolgreich zu meistern.

Vor diesem Hintergrund liefert dieses Buch, über die Anleitung zur Gestaltung eines neuen Gehaltsmodells hinaus, den Anstoß, sich viel bewusster in allen Bereichen der Kanzlei mit den entscheidenden Themen auseinanderzusetzen. Das sind insbesondere:

- die Beziehung zu Mandanten, Mitarbeitern und der Mitarbeiter untereinander
- die Ziele der Kanzlei
- die Prozesse und Strategien der Kanzlei
- die Beziehungen zu Vertrags- und Kooperationspartnern
- die Ertragskraft der Kanzlei
- das Erscheinungsbild und die Außenwirkung der Kanzlei

3. Ausgangspunkt Festvergütung

Dem Arbeitnehmer mit einem Festeinkommen Verlässlichkeit und Berechenbarkeit zu garantieren, ist ein Ausgangspunkt meiner Überlegungen bei der Gestaltung eines variablen Vergütungssystems Aus Sicht des Arbeitgebers soll die Festvergütung die Grundbereitschaft zur Arbeit abgelten sowie das Mindestmaß des Engagements, mit dem sich der Mitarbeiter in die Kanzlei einbringt. Empfindet der Mitarbeiter sein Gehalt als fair, ist er nach Erkenntnissen von Arbeitswissenschaftlern im besten Fall zumindest nicht unzufrieden. Damit folgt der Ansatz meines auf zwei Säulen basierenden Vergütungssystems der Erkenntnis, dass ein Grundgehalt allein kein ausreichender Ansporn für höhere Leistung sein kann.

Das Festgehalt sollte grundsätzlich als Jahresvergütung definiert sein und eine variable Vergütung als 13. Gehalt oder eventuell weitere Rate hinzukommen.

Prinzipiell sollte die Grundstruktur der Festvergütung innerhalb der Kanzlei gewahrt bleiben, auch wenn sich Ausreißer und Diskussionen innerhalb des bisherigen Teams nicht immer vermeiden lassen, z.B. durch vergleichsweise hohe Gehaltsforderungen bei Neueinstellungen. Der neue Mitarbeiter wird erst nach der Probezeit über das variable Vergütungsmodell informiert. Aus Gründen der Vergleichbarkeit und Transparenz plädiere ich dafür, die Festvergütung für alle Mitarbeiter der Kanzlei gleich auszugestalten. Wenn Tankgutscheine, Essensgutscheine etc. ausgegeben werden, dann an alle Mitarbeiter. Gleiches gilt für Direktversicherungen, Vermögenswirksame Leistungen etc., auch wenn dadurch nicht immer das lohnsteuerliche und sozialversicherungsrechtliche Optimum erreicht wird. Eine klare Regelung der Festgehälter ist auch die Basis für ein funktionierendes Zusammenspiel mit der variablen Vergütung.

Anhaltspunkte zu üblichen Festvergütungen liefern aktuelle Gehaltsumfragen von Verbänden. Hilfreich sind auch Gespräche mit Kollegen aus Kanzleien in vergleichbaren Regionen mit ähnlicher Größe und Ausrichtung.

Als Orientierungspunkt für eine jährliche – moderat – angepasste Festvergütung dient auch die Preissteigerungsrate.

Eine darüberhinausgehende Gehaltserhöhung, z.B. bei einem Karrieresprung nach erfolgreichem Examen zum Steuerberater oder Fachwirt, sollte sich im Rahmen der bestehenden Struktur bewegen.

Bei den meisten mir bekannten Steuerkanzleien ist mit der Festvergütung und der jährlichen Anpassung das Gehaltsmodell abschließend beschrieben. Allenfalls kommt noch ein Bonus hinzu, der sich z. B. an dem erwirtschafteten Umsatz des Mitarbeiters oder an Sonderleistungen orientiert.

Stellen Sie Ihr Gehaltssystem auf den Prüfstand und fragen Sie sich u.a.:

• Hat Ihre Kanzlei eine geordnete Gehaltsstruktur?

- Vermeiden Sie einen Wildwuchs verschiedenster Lohnarten?
- Wird die Festvergütung des Mitarbeiters mindestens einmal jährlich mit ihm besprochen?

4. Kombination feste und variable Vergütung

Die zweite Säule meines Vergütungsmodells honoriert unter anderem die Beteiligung des Mitarbeiters am Erfolg der Kanzlei. Dabei wird allerdings der Beitrag zu Umsatz oder Deckungsbeitrag lediglich als eines von zahlreichen weiteren Bewertungskriterien als Bemessungsgrundlage herangezogen. Über die Auswahl dieser Faktoren entscheidet im ersten Schritt der Kanzleiinhaber bzw. das Führungsteam. Welche das – je nach Zielsetzung und Ausrichtung der Kanzlei – sein könnten, wird in den nächsten Kapiteln exemplarisch beschrieben.

Eine variable Vergütung öffnet den Spielraum für gezielte Aktivitäten zur Steigerung des Unternehmenserfolgs und - neben der Sicherheit über die Festvergütung- die Chance auf zusätzliche Zuwendungen. Da sich die variable Vergütung und damit die Motivation nicht – bzw. nur in geringem Umfang – am Umsatz orientiert, findet eine ganz andere Art der Betrachtung statt, sowohl beim Mitarbeiter als auch beim Vorgesetzten, wenn z. B. signalisiert wird, dass Teamwork, soziale Komponenten oder innovativer Input honoriert werden.

Während eine reine Festvergütung zweifellos einfacher zu handhaben ist, können Sie mit einer ergänzenden, intelligent aufgebauten variablen Vergütung zusätzliche Potentiale bei Ihren Mitarbeitern freisetzen. Sie belohnen deren Bemühungen im interpersonellen und prozessualen Bereich sowie bei der Positionierung der Kanzlei. Ihre Prioritäten in diesem Zusammenhang legen Sie individuell fest, stellen sie immer wieder auf den Prüfstand, um sie neuen Gegebenheiten oder veränderten Zielsetzungen anpassen zu können.

Fallbeispiel 1:

Das von mir skizzierte Fallbeispiel der kleinen Steuerkanzlei von Ines Teiler veranschaulicht, wie Sie bei Konzeption, Einführung, Umsetzung und Anwendung des von mir entwickelten Vergütungsmodells vorgehen können. Es zeigt jeweils am Ende der folgenden Kapitel exemplarisch praxisnahe Lösungen auf.

Die selbständige Steuerberaterin Ines Teiler beschäftigt drei Angestellte: Steuerberater Rolf Streit, 35 Jahre alt, Steuerfachwirtin Fatma Gülec, 29 Jahre alt, und den Steuerfachangestellten Mario Spirelli, 23 Jahre alt.

Rolf Streit arbeitet 30 Stunden pro Woche und verdient aktuell EUR 48.000 p.a., Fatma Gülec und Mario Spirelli arbeiten 40 Stunden pro Woche. Fatma Gülec verdient 36.000, Mario Spirelli 30.000 Euro. Das Jahresgehalt wird in zwölf Raten ausbezahlt. In den letzten Jahren gab es fallweise Sonderzahlungen, die jeweils im Dezember abgerechnet wurden.

Ines Teiler gewährt ihren Mitarbeitern neben dem Festgehalt einmal jährlich eine Zusatzvergütung, die nach der „Siegelschen" Methode ermittelt wird.

Die für die Steuerkanzlei Teiler exemplarisch dargestellte Ermittlung der Sondervergütung kann mit dem im Buchdeckel

vermerkten Code auf meiner Internetseite www.stb-siegel.de
als Excel Datei heruntergeladen werden, ebenso eine Vorlage
zur Erstellung Ihres Vergütungssystems. In diesem Formular
sind zehn Muster-Mitarbeiter angelegt, deren Zahl Sie ganz
einfach über die Funktion „löschen" oder „kopieren" den
Gegebenheiten Ihrer Kanzlei anpassen können.

5. Gewinntopf einrichten

Ausgangspunkt für die zweite Säule des Vergütungsmodells ist die Entscheidung über die Höhe der Summe, die als variable Vergütung auf die Mitarbeiter verteilt wird. Wie detailliert Sie das Ergebnis ihrer Überlegungen innerhalb der Kanzlei kommunizieren, sollten die Verantwortlichen individuell festlegen und anschließend konsequent an der beschlossenen Strategie festhalten. In der Regel gewähren Kanzleiinhaber ihren Mitarbeitern keinen Einblick in die wirtschaftlichen Verhältnisse der Kanzlei. Sie informieren lediglich darüber, dass ein bestimmter Betrag zur Verfügung steht oder ein bestimmtes Verfahren eingerichtet wurde, um diesen Betrag zu ermitteln.

Bei der Ermittlung des Verteilungsbetrages bieten sich grundsätzlich zwei Vorgehensweisen an:

1. Das Führungsteam bestimmt einen festen, aus seiner Sicht angemessenen Betrag. Er kann über mehrere Jahre gleichbleiben oder jährlich angepasst werden.
2. Die Verantwortlichen definieren den zu verteilenden Betrag als bestimmten Prozentsatz vom Kanzleiumsatz, -gewinn, etc. Damit ist der „Verteilungstopf" an sich variabel, passt sich also jedes Jahr der wirtschaftlichen Lage der Kanzlei an.

Beide Ansätze haben Vor- und Nachteile:

Der feste Verteilungsbetrag ist sehr einfach zu handhaben. Allerdings würde eine nicht erfolgte Anpassung im Laufe der

Zeit zu einer sukzessiven Entkopplung der wirtschaftlichen Beteiligung der Mitarbeiter vom Ergebnis der Kanzlei führen.

Dagegen steht die Höhe des Betrages aus dem variablen Verteilungstopf in direkter Abhängigkeit zum Erfolg der Kanzlei. Das ist zweifellos ein Vorteil. Eine objektive Bemessungsgrundlage wäre der Umsatz. Dieser lässt jedoch verhältnismäßig wenig Rückschlüsse auf die Rendite der Kanzlei zu, da zum Beispiel die Aufnahme neuer oder der Wegfall bisheriger Mandanten oder Tätigkeitsfelder den Umsatz sowie die Profitabilität deutlich verändern. Daher scheint es zunächst vorteilhafter, den Gewinn als Ermittlungsmaßstab heranzuziehen. Aber auch er kann über die Jahre stark variieren und durch kanzleispezifische Besonderheiten beeinflusst werden, wie z.B. Verträge mit Angehörigen oder kostenintensive Firmenfahrzeuge. Ein modifizierter Rohertrag wäre eine weitere Möglichkeit, die Grundlage für einen Verteilungstopf zu ermitteln. Damit blieben eventuelle Besonderheiten, die den Gewinn zusätzlich beeinflussen, unberücksichtigt.

So kann ein modifizierter Rohertrag beispielsweise wie folgt hergeleitet werden:

Erlöse

./. Personalkosten

./. EDV-Kosten

./. Raumkosten

= modifizierter Rohertrag als Ermittlungsrundlage für den Verteilungstopf

Im Rahmen dieser Herangehensweise bietet sich auch ein Stufenmodell an, mit dem sich der Verteilungstopf in verschiedenen Ertragsstufen unterschiedlich speisen lässt. Folgendes Beispiel soll dies verdeutlichen:

- Rohertrag bis 100.000 = 10% davon Gewinntopf
- Rohertrag von 100.001 – 200.000 = davon 15% Gewinntopf
- Rohertrag von 200.001 – 300.000 = davon 20% Gewinntopf
- Rohertrag über 3000.000 = davon 25% Gewinntopf

Dieses Stufenmodell beteiligt die Mitarbeiter mit zunehmendem Gewinn auch stärker am Erfolg.

Fallbeispiel 2:

Steuerberaterin Ines Teiler erzielt seit Jahren nachhaltig gute Gewinne. Sie möchte ihren Mitarbeitern aber keinen Einblick in ihre finanzielle und wirtschaftliche Situation geben. Deshalb richtet sie einen festen Gewinntopf ein und stattet ihn mit 10.000 Euro aus, die sie an die Mitarbeiter verteilt. Ines Teiler will diesen Gewinntopf jedes Jahr ihrer Gewinnsituation anpassen.

6. Den Verteilungsschlüssel ermitteln

6.1. Allgemeines

Die Entwicklung des Verteilerschlüssels verlangt eine intensive Auseinandersetzung mit den Kanzleizielen, ihren Prozessen sowie mit einem Bewertungssystem für die Mitarbeiter. Grundlage eines möglichst gerechten Beurteilungssystems ist die systematische Einschätzung des Mitarbeiterverhaltens und -handelns über einen längeren Beobachtungszeitraum, in der Regel über ein Kalenderjahr.

Damit lebt dieses Vergütungssystem davon, dass sich der Inhaber, bei größeren Kanzleien auch weitere Führungskräfte, mit Blick auf die definierten Kanzleiziele ein Bild von folgenden Kompetenzen der Mitarbeiter machen: z. B. Engagement, individuellen Fähigkeiten, Stärken, Kenntnissen, Erfahrungen, Leistungsbereitschaft, Arbeitsweise oder -einstellung. Der erwirtschaftete Umsatz dient, wie bereits betont wurde, lediglich als ein weiteres, aber nicht als ausschlaggebendes Kriterium für die Bemessung der Verteilung. Dies sollte als zentrale Botschaft bei allen Mitarbeitergesprächen vermittelt werden.

6.2 Beispiele möglicher Beurteilungskriterien

Zur Ermittlung der variablen Vergütung auf Grundlage des Beurteilungssystems erstellen Sie zunächst einen Katalog der für Sie wichtigen Beurteilungskriterien. Je intensiver Sie sich mit Prozessen, Organisation, Zielen und Strategie ihrer Kanzlei auseinandersetzen, desto stärker werden sich diese Kriterien entsprechend verändern.

Nachfolgend beschreibe ich unter 6.2.1 bis 6.2.11 exemplarisch – und damit ohne Anspruch auf Vollständigkeit – Kriterien, die für Steuerkanzleien bedeutsam sein können. Wichtig ist es, exakt die Maßnahmen zu definieren, mit denen Sie Ihre kommunizierten Kanzleiziele erreichen können. Die Gewichtung der Beurteilungskriterien wird in Kapitel 6.3 beschrieben.

Die Punkte zu den einzelnen Kriterien können Sie in einem beliebig zu wählenden Rahmen vergeben. Ein Rahmen von 0 – 3 erscheint mir zu klein, angesichts der Breite des Spektrums. Wir haben zur Bewertung der Kriterien den Rahmen 0 -10 gewählt und die einzelnen Punkte wie folgt beschrieben:

Punkte	Beschreibung
	Das Kriterium wird:
1	nicht erfüllt
2	in sehr geringem Maß erfüllt
3	in geringem Maß erfüllt
4	sehr mäßig erfüllt
5	mäßig erfüllt
6	erfüllt
7	gut erfüllt
8	sehr gut erfüllt
9	in hohem Maß erfüllt
10	in höchstem Maß erfüllt
11	in höchstem Maß mit Vorbildfunktion erfüllt.

Kommunikation

Generell rate ich, bei der Vorstellung des Beurteilungssystems behutsam vorzugehen, um eine Akzeptanz für ein neues Entgeltmodell zu schaffen. Mit einer gut geplanten Informations- und Kommunikationspolitik holen Sie Ihre Mitarbeiter bereits in der Einführungsphase ab, können Unsicherheiten, Skepsis, Ängsten oder Widerständen, die mit Veränderungen einhergehen, entgegenwirken. Denn nur, wenn die Betroffenen das Konzept verstehen und die Chancen, die sich mit einer zusätzlichen Vergütungsvariante öffnen, begreifen, werden sie zur erfolgreichen Umsetzung und Wirksamkeit beitragen. Kommunizieren Sie also im ersten Schritt lediglich, dass es „ein System" gibt. Vermitteln Sie den Mitarbeitern in Einzelgesprächen, welche Kriterien nach dem festgelegten Katalog wichtig sind.

Die Einschätzung der Beurteilungen erfordert zwingend ein Vier-Augen-Prinzip, das heißt: Neben dem Inhaber, anderen Berufsträgern oder Teamleitern sollte noch eine weitere Führungskraft die Bewertung prüfen, gegebenenfalls bestätigen oder Änderungen anregen.

Zusätzlich können Sie auch die Selbsteinschätzung der Mitarbeiter in Ihre Beurteilung einfließen lassen, soweit Sie oder Ihre Führungskräfte über ausreichende Erfahrung mit diesem Verfahren und generell auch über die notwendige Routine durch regelmäßige Mitarbeitergespräche verfügen. Der Abgleich der Fremdeinschätzung mit der eigenen Einschätzung kann das Mitarbeitergespräch sicher bereichern. Dieses Verfahren muss jedoch im Sinne eines sachlichen

Gesprächsverlaufs und eines zielführenden Ergebnisses sorgfältig vorbereitet und professionell durchgeführt werden. Personalberater, Coaches oder Arbeitspsychologen können Sie bei der Moderation und der Bewertung der Ergebnisse unterstützen.

Kommunikation Schritt für Schritt am Beispiel der Kanzlei Ines Teiler

Fallbeispiel 3:

Steuerberaterin Teiler informierte ihre Mitarbeiter im Januar zunächst in Einzelgesprächen darüber, dass sie die Verteilung von einer zusätzlichen Vergütung im Gegensatz zu den bisher üblichen pauschalen Sonderzahlungen ab sofort von zahlreichen Kriterien abhängig machen werde. Ausdrücklich wies sie darauf hin, dass der erzielte Umsatz lediglich mit etwa 15% in die Gesamtbewertung einfließe.

Im März gab Ines Teiler in einer Gesamt-Mitarbeiterbesprechung bekannt, dass es einen festen Betrag zur Verteilung geben und dieser auf Grundlage einer Vielzahl von Bewertungskriterien zugewiesen wird.

Im Dezember, mit Abrechnung dieser Sondervergütung, teilte sie den Mitarbeitern die Höhe der Sondervergütung mit und erläuterte diese.

Mit jedem Jahr erfahren die Mitarbeiter mehr über die Ermittlung. Nach drei Jahren will Ines Teiler die Mitarbeiter nach deren Selbsteinschätzung befragen und diese mit ihrer Einschätzung vergleichen. Abweichungen zwischen der Selbst-

und Fremdeinschätzung geben entsprechenden Gesprächsanlass.

Seit Bekanntgabe des neuen Vergütungssystems macht sich Ines Teiler monatlich Notizen zu Verhalten, Arbeitsweise und -ergebnissen ihrer Mitarbeiter. Dafür hat sie eine Excel Datei mit jeweils einer Mappe für jeden Mitarbeiter angelegt. Jede Mappe enthält alle für die Kanzlei relevanten Beurteilungskriterien mit entsprechendem Raum für weitere Notizen. Auf diese Weise verschafft sich Ines Teiler nicht erst wenige Wochen vor Verteilung der Sonderzahlung, sondern über das ganze Jahr hinweg ein Gesamtbild und damit eine fundierte Basis für eine Bewertung der Mitarbeiterleistungen.

Zusätzlich tauscht sich Ines Teiler über die Einführung ihres Vergütungssystems regelmäßig mit befreundeten Berufskollegen aus.

6.2.1. Fortbildung

Mitarbeiter müssen sich persönlich und fachlich fortbilden, um zum Erhalt und Ausbau eines hohen Wissensstandes in allen Bereichen einer Steuerberaterkanzlei beizutragen. Die Initiative dazu kann vom Mitarbeiter oder vom Arbeitgeber ausgehen. Ob und inwieweit Mitarbeiter von sich aus bereit sind, sich fortzubilden und sich in neue Beratungsthemen einzuarbeiten, kann als ein Kriterium in die Gesamtbeurteilung einfließen. Unter Fortbildung verstehe ich nicht allein Seminarbesuche, sondern insbesondere auch das Lesen von Fachliteratur, die Initiierung kanzleiinterner Fortbildungen, Online-Schulungen oder die Bereitschaft zum Erwerb weiterführender Berufstitel wie zum Beispiel Fachberater, Steuerfachwirt oder Kanzleimanager. Voraussetzung dafür ist natürlich, dass der Arbeitgeber Aktivitäten dieser Art nicht nur zulässt, sondern sie auch fördert.

Ich habe mit der Einführung des Qualitätsmanagement Systems in meiner Kanzlei festgelegt, dass sich Mitarbeiter in einem bestimmten Maße fortbilden müssen. Unter „müssen" verstehe ich 40 Fortbildungsstunden bei Berufsträgern und 20 Stunden bei Nicht-Berufsträgern pro Jahr, wobei sich die Stundenzahl für Teilzeit-Beschäftigte entsprechend reduziert. Maximal räume ich Berufsträgern 60 Stunden und Nichtberufsträgern 30 Stunden ein. Ausnahmen gelten bei Aus- und Fortbildungsmaßnahmen zu Berufs-Examina. Die Fortbildung sollte ein eigens dafür beauftragter Mitarbeiter koordinieren, damit eine möglichst effiziente Gestaltung sowie eine planmäßige Ausbildung der einzelnen Mitarbeiter gesichert sind.

Fallbeispiel 4:

Steuerberaterin Teiler engagiert sich sehr für die Fortbildung ihrer Mitarbeiter. Sie trägt die Kosten der Maßnahmen und wertet Fortbildungsstunden als Arbeitszeit.

Ines Teiler ist bei der Vergabe der Punkte wie folgt vorgegangen:

Rolf Streit: 6 Punkte

Rolf Streit bildet sich sehr engagiert fort. Er nimmt auch neue Fortbildungsbereiche in Angriff, konzentriert sich dabei allerdings auf Themen, die ihm persönlich liegen. Angesichts seiner Stellung als Berufsträger sollte er sich nach Ansicht seiner Chefin aber auch für die innerbetriebliche Weiterbildung stark machen.

Fatma Gülec: 8 Punkte

Fatma Gülec liest regelmäßig Fachzeitschriften und bemüht sich sehr um die innerbetriebliche Weitergabe des Wissens. Besonders ausgeprägt ist Ihr Interesse für „Internationales Steuerrecht". Hier hat sie sich in der Kanzlei den Status einer Spezialistin erarbeitet.

Mario Spirelli: 4 Punkte

Mario Spirelli besucht Fortbildungsveranstaltungen nur auf Anordnung, Fachliteratur liest er äußerst ungern. Sein

27

Interessensschwerpunkt ist die EDV. Hier hat er sich umfassendes Wissen erarbeitet.

6.2.2. Fachliche Kompetenz

Qualitativ hochwertige Leistungen einer Steuerkanzlei basieren schon lange nicht mehr allein auf der fachlichen Kompetenz von Inhabern und Berufsträgern, sondern auf dem fundierten Know-how aller Teammitglieder. Mitarbeiter entwickeln sich in ihrem jeweiligen Arbeitsbereich – letztlich auch durch kontinuierliche Fort- und Weiterbildung – häufig zu Spezialisten, deren Wissen auch von den Berufsträgern gefragt ist. Selbstverständlich verfügen Mitarbeiter einer Kanzlei über unterschiedlich ausgeprägte Kompetenzen, abhängig auch von ihrer jeweiligen Ausbildung. Entsprechend orientiert sich der an den Kompetenzen bemessene Anteil der variablen Vergütung am Umfang und der Ausprägung der individuellen Qualifikation, ausgehend vom fachlichen Ausbildungsstand. Honoriert werden sollte also eine über das zu erwartende Maß hinausgehende Kompetenz und dazu die Bereitschaft und Fähigkeit, maßgebliches Wissen in verständlicher Form an andere Mitarbeiter weiterzugeben. Die fachliche Qualifikation beschränkt sich in einer Steuerkanzlei nicht mehr ausschließlich auf das Steuerrecht. Vielmehr muss jeder Mitarbeiter, je nach Funktion und Stellung in der Kanzlei über Kompetenzen in Bereichen wie Hard- und Software, Organisation, Führung sowie betriebswirtschaftliche Kenntnisse verfügen.

Die Fragen an dieser Stelle lauten:

In welchem Maße verfügt der Mitarbeiter im Hinblick auf seine Funktion und seinen Ausbildungsstand über fachliche

Qualifikationen? Ist er bereit und gelingt es ihm auch, sein Wissen verständlich weiterzugeben?

Fallbeispiel 5:

Ines Teiler hat ihre Mitarbeiter wie folgt beurteilt:

Rolf Streit: 4 Punkte

Rolf Streit weist zwar tiefgehende Fachkenntnisse auf, weigert sich aber, sein Wissen an Kollegen und Chefin weiterzugeben. Über das fachliche Know-how hinaus verfügt er über keine nennenswerten zusätzlichen Qualifikationen z. B. im Bereich EDV, Teamführung oder Organisation.

Fatma Gülec: 9 Punkte

Als Steuerfachwirtin mit einer vergleichsweise geringen Berufserfahrung zeichnet sich Fatma Gülec durch ein überdurchschnittlich hohes Fachwissen sowie umfassende Kenntnisse in fachfremden Bereichen aus. Sie gibt ihr Wissen gerne und gekonnt an andere Teammitglieder weiter.

Mario Spirelli: 5 Punkte

Seine Fachkenntnisse entsprechen seiner Ausbildung und Berufserfahrung als Steuerfachangestellter. Besonders ausgeprägt ist sein umfassendes EDV-Know-How. Hier ist er der Ansprechpartner für den Softwareanbieter und setzt Neuerungen selbständig um.

6.2.3. Innovationskraft

Genauso wichtig wie die fachliche Fortbildung der Mitarbeiter ist deren Beitrag zum Erhalt, Ausbau und zur Stärkung der Innovationskraft einer Kanzlei. In einem Umfeld rasanter technologischer und gesellschaftlicher Entwicklungen mit stets neuen Herausforderungen müssen Kanzleien mit vorausblickenden Leistungsangeboten und Lösungen Zeichen setzen. Innovative Kanzleien zeichnen sich auch dadurch aus, dass sie den Entwicklungen voraus sind und sich richtungsweisend positionieren, z.b. im Bereich Digitalisierung, EDV-gestützte Auftragsverwaltung oder eines Qualitätsmanagement-Systems und das lange bevor die Mandanten auf diesen Zug aufgesprungen sind. Innovationen dieser Art sollten alle Akteure einer Kanzlei nicht nur mittragen und vorantreiben, sondern auch initiieren. Vor diesem Hintergrund kann die Innovationskraft der Mitarbeiter ein Beurteilungskriterium im Rahmen des Vergütungsmodells darstellen.

Wie ausgeprägt die Innovationskraft eines Mitarbeiters tatsächlich ist, können Sie zum Beispiel anhand folgender Fragen herausfinden:

In welchem Maße ist der Mitarbeiter bereit, sich

- in neue fachliche Bereiche und Branchen einzuarbeiten
- mit neuer Technik zu befassen
- in Projekte einzubringen, die die Kanzlei voranbringen
- mit neuen Mandanten zu befassen

- der Verbesserung von Prozessen in der Kanzlei anzunehmen

Nach meiner Erfahrung finden sich in einem Team neben den meist wenigen Innovationstreibern viele Mitarbeiter, die Neuerungen kritisch bis ablehnend gegenüberstehen. Umso wichtiger ist es, dass die „Treiber" die „Widerständler" abholen und mitnehmen. Die Fähigkeit, andere zu begeistern und zu überzeugen, um Innovationen durchzusetzen, aber auch selbst auf den Weg zu bringen sollte, in die Beurteilung einfließen.

Fallbeispiel 6:

Ines Teiler hat im zu beurteilenden Zeitraum ein QM-System eingeführt und bei Mandanten die Digitalisierung vorangetrieben. Die Innovationskraft ihrer Mitarbeiter bewertete sie folgendermaßen:

Rolf Streit: 0 Punkte

Er zeigte kein Interesse an innovativen Entwicklungen, nicht selten bremste er sie sogar aus. Er arbeitete weder am QM-System noch an den Digitalisierungsprojekten für Mandanten mit.

Fatma Gülec: 10 Punkte

Maßgeblich entwickelte und implementierte sie gemeinsam mit Ines Teiler das QM-System. Zusätzlich unterstützte sie ihren Kollegen Mario Spirelli entscheidend bei Digitalisierungsmaßnahmen. Fatma Gülec begeistert sich stets für sinnvolle Neuerungen und schafft es mit großem Geschick, andere mit ihrer Begeisterung anzustecken.

Mario Spirelli: 6 Punkte

Federführend hatte Mario Spirelli bei den Mandanten die Umsetzung der Digitalisierungsmaßnahmen vorangetrieben. Auch innerhalb der Kanzlei erwarb er sich mit seinem Einsatz in diesem Bereich große Verdienste, zeigte sich aber in anderen Bereichen weniger innovativ.

6.2.4. Abwesenheit

Zum Gesamterfolg der Kanzlei können Mitarbeiter nur dann beitragen, wenn sie produktiv für die Kanzlei tätig sind. Deswegen können auch ungeplante Abwesenheitszeiten als Beurteilungskriterium für eine variable Entlohnung herangezogen werden. Urlaube, Fortbildungen etc. gelten als geplante Abwesenheiten, da sie Bestandteil des gesamt verhandelten Arbeitsvertrages sind.

Ungeplante Abwesenheiten sind insbesondere Krankheitstage, unbezahlte Urlaube sowie ähnliche Fehlzeiten. In der Regel trifft den Arbeitnehmer keine Schuld, wenn er krankheitsbedingt zu Hause bleiben muss – den Arbeitgeber aber auch nicht. Das Besondere zu honorieren, ist der eigentliche Zweck der variablen Vergütung. Damit ist es legitim und gerecht, den niedrigen Krankenstand eines Mitarbeiters positiv zu bewerten.

Um dieses Beurteilungskriterium leicht handhaben zu können, empfiehlt sich eine standardisierte, an den Abwesenheitstagen orientierte Beurteilung:

Krankheitstage	Punkte
0-1	10
1-2	8
2-3	6
4-5	4

6-7	2
über 7	0

Weil fristgebundene Arbeiten nicht warten können, müssen andere Kollegen und Mitarbeiter krankheitsbedingte Abwesenheiten auffangen. Diese Leistung sollte entsprechend positiv honoriert werden, zum einen über die hier exemplarisch vorgestellten Beurteilungskriterien oder über individuelle Zuschläge (siehe Beschreibung unter Punkt 6.6.).

Fallbeispiel 7:

Die Auswertungen der Personalakten ergab in der Kanzlei Teiler folgendes Bild:

Rolf Streit: 10 Punkte

Er war an keinem Tag krank.

Fatma Gülec: 4 Punkte

Sie war zwei Tage krank und hatte sich drei Tage unbezahlten Urlaub genommen.

Mario Spirelli: 8 Punkte

Er fiel krankheitsbedingt zwei Tage aus.

6.2.5. Umsatz

Wie mehrfach erwähnt, eignet sich der vom Mitarbeiter erzielte Umsatz nicht als alleiniges oder ausschlaggebendes Beurteilungskriterium. Da Kanzleien aber auf Dauer nur mit nachhaltigen, deutlich über den Kosten liegenden Umsätzen überleben können, muss der Umsatz als ein Kriterium bei der Verteilung einer variablen Vergütung berücksichtigt werden. Für Mitarbeiter, denen direkt keine Umsätze zugerechnet werden können, z.B. im Sekretariats- oder Organisationsbereich, muss ein Ersatzkriterium definiert werden. Das könnte im Sekretariat z. B. die Durchlaufgeschwindigkeit der Korrespondenz, im Organisationsbereich die erfolgreiche Implementierung eines QM-Systems oder eines Auftragssteuerungsprojektes sein.

Eine ausgewogene Beurteilung über den „Umsatz" muss weiterhin berücksichtigen, ob der Mitarbeiter angesichts der ihm zugeteilten Mandanten überhaupt in der Lage ist, nennenswerte Umsätze zu generieren. Man denke nur an Vereine, Bekannte, Verwandte etc., deren Betreuung häufig mit einem geringen, in manchen Fällen sogar mit einem negativen Deckungsbeitrag verbunden ist. Daneben gibt es – hoffentlich viele – „Cash-Cow`s", mit denen sich die sogenannten „Poor Dog`s" querfinanzieren lassen. Da sich Mitarbeiter in der Regel nicht aussuchen können, welche Mandanten sie betreuen und eine Zuteilung von Mandanten in keinem Fall nach Umsatzgesichtspunkten erfolgen soll, muss dieser Umstand über individuelle Ab- oder Zuschläge berücksichtigt werden. Ein Beispiel:

Um falsche Anreize beim Schreiben von Honorarrechnungen zu vermeiden, sollte auch die Durchsetzbarkeit der Rechnungen beim Mandanten berücksichtigt werden. Generiert ein Mitarbeiter zwar hohe Umsätze, die aber regelmäßig in hohen Forderungsabschreibungen münden, weil der Mandant die Höhe des Honorars nicht akzeptiert, ergibt sich daraus ein individueller Abschlag. Gleiches gilt, wenn sich ein Mitarbeiter zur Erledigungen seiner Arbeit mehr Unterstützung von den Kollegen holt als andere.

Als Ausgangspunkt für die Beurteilung empfehle ich auch hier ein standardisiertes Stufenmodell, das Sie zum Beispiel so gestalten können:

Verhältnis Umsatz zu Lohnkosten	Punkte
2,3 und darüber	10
2,2	8
2,1	6
2,0	4
1,9	2
1,8 und darunter	0

Neben der mäßigen Gewichtung des Kriteriums Umsatz (siehe Kapitel 6.2.5) sollte auch eine Bonifizierung ein bestimmtes Maß nicht überschreiten (im Beispiel hier: über 2,3). Dies ist aus meiner Sicht wichtig, um Extremkonstellationen in der Kanzlei zu vermeiden bzw. abzumildern und zu signalisieren, dass Umsatz nur bis zu einem gewissen Maß als Erfolgskriterium gewertet wird.

Fallbeispiel 8:

Da die Sonderzahlung im Dezember des Jahres abgerechnet wird, hat Ines Teiler die bis November kumulierten Umsätze der Mitarbeiter ermittelt und die bis zum Ende des Jahres voraussichtlich zu erwartenden Umsätze hochgerechnet. Nennenswerte Forderungsverluste gab es nicht.

Rolf Streit: 10 Punkte

Rolf Streit erwirtschaftete im Betrachtungsjahr einen Netto-Umsatz von 115.000 Euro. Das entspricht einem Verhältnis von 2,4 zu seinem Gehalt.

Fatma Gülec: 4 Punkte

Sie erwirtschaftete einen Umsatz von 62.000 Euro. Das Verhältnis zu ihrem Gehalt beträgt somit 1,72. Fatma Gülec hatte aber in diesem Jahr das QM-System eingeführt und zusätzlich Sekretariats-Aufgaben wahrgenommen, weswegen sie 4 Punkte statt 0 Punkte erhält.

Mario Spirelli: 6 Punkte

Mario Spirelli erwirtschaftete einen Umsatz von 58.000 Euro. Das Verhältnis beträgt somit 1,9. Allerdings hatte er für eine Freundin der Kanzleiinhaberin die Finanzbuchhaltung erstellt, die weit unter Wert abgerechnet wurde. Deswegen erhält er statt 2 Punkten 6 Punkte.

6.2.6 Soziale Kompetenz

Auch wenn Mandanten auf die fachliche Kompetenz ihres Steuerberaters vertrauen, nehmen sie in vielen Fällen eher dessen soziale Kompetenz wahr. Stimmt also die „Chemie" zwischen Kanzleiteam und Mandanten, entwickelt sich eine vertrauensvolle Zusammenarbeit. Das ist in vielen Fällen die Basis für eine langjährige Bindung. Nicht selten entscheiden soziale Kompetenzen die Wahl für eine bestimmte Kanzlei.

Keine Frage, dass Mandanten angesichts ihrer hochsensiblen Daten und einer Beratung, die oft folgenschwere Entscheidungen absichern muss, neben fundiertem fachlichen Know-how auch hohe Anforderungen an die soziale Kompetenz stellen. Sie ist verbunden mit Einfühlungsvermögen, Verlässlichkeit, konstruktiver Konfliktfähigkeit, Kommunikations- und Durchsetzungsstärke. Faktoren, die wir schneller als harte Fakten (wie z.B. die fachliche Qualifikation) wahrnehmen und bewerten können. Letztlich entscheiden wir vieles nach dem ersten Eindruck, sozusagen aus dem Bauch heraus. Zum Beispiel kann ich die tatsächliche Leistung meiner Autowerkstatt als Techniklaie nicht beurteilen. Dafür werte ich den schnellen Service, die sympathischen Mitarbeiter und den sauber zurückgegebenen Wagen als Qualitätsmerkmal.

Soziale Kompetenz beschränkt sich aber nicht allein auf Freundlichkeit und Sympathie, sondern meint vor allem eine umfassende emotionale Intelligenz (EQ). Sie drückt in Abgrenzung zur kognitiven Intelligenz (IQ) aus, wie gebildet der Mensch im Umgang mit sich und anderen ist. Das bedeutet:

Eigene Emotionen kennen: die Fähigkeit, seine inneren Zustände, Ressourcen und Intuitionen wahrnehmen zu können.

Umgang mit Beziehungen: die Fähigkeit, gewünschte Reaktionen bei anderen Menschen hervorzurufen.

Emotionen handhaben: die Fähigkeit, die eignen Emotionen zu regulieren.

Empathie: die Fähigkeit, die Bedürfnisse, Sorgen und Gefühle anderer Menschen wahrzunehmen.

Emotionen in die Tat umsetzen: Fähigkeit, Emotionen einzusetzen, um ein definiertes Ziel zu erreichen.

Die soziale Kompetenz der Mitarbeiter ist ein bedeutender Faktor, speziell in Steuerkanzleien. Als Chef oder Vorgesetzter können Sie aus eigener Anschauung erkennen wie Ihre Mitarbeiter agieren. Geben Sie eine Beurteilung der emotionalen Intelligenz und deren Bewertung mit Blick auf das Vergütungssystem nicht aus der Hand, betrachten sie es aber auch nicht allzu wissenschaftlich. Beobachten Sie, wie die Mitarbeiter mit Kollegen, Mandanten, Lieferanten, Behördenmitarbeitern und letztlich mit Vorgesetzten und Chefs umgehen und wie sie sich in Mitarbeitergesprächen verhalten. Fragen sie auch die Mandanten nach deren Wahrnehmung und Einschätzung.

Ähnlich wie bereits beim Kriterium Umsatz beschrieben, ist es auch hier wichtig zu hinterfragen, ob der Mitarbeiter überhaupt die Gelegenheit hat, seine sozialen Stärken zu demonstrieren. Mitarbeiter, die aus unterschiedlichen Gründen wenig oder keinen Kontakt zu Mandanten pflegen können oder sollen, haben gar nicht die Möglichkeit sich auf diesem Gebiet zu beweisen.

Wichtig ist hier, wie bei allen anderen Kriterien auch, die Objektivität des Beurteilenden. Er sollte sich bewusstmachen, ob seine eigene soziale Kompetenz die Bewertung der Kollegen nach diesem Kriterium zulässt. In jeden Fall empfiehlt sich auch hier das Vier-Augen-Prinzip, bei ausreichender Praxis mit diesem Beurteilungssystem auch die Selbsteinschätzung des Mitarbeiters. Voraussetzung dafür ist jedoch, dass Mitarbeiter sowie Beurteilende mit dem Thema soziale Kompetenz vertraut sind und die Gesprächskultur Ihrer Kanzlei auch zwischen Mitarbeitern und Vorgesetzten von Offenheit geprägt ist. Eine standardisierte Einstufung der sozialen Kompetenz könnte beispielsweise wie folgt vorgenommen werden:

Soziale Kompetenz	Punkte
Sehr hoch	10
Hoch	8
Mittel	6
Gering	4

Sehr gering   2

Nicht vorhanden   0

Fallbeispiel 9:

Ines Teiler holte sich für die Beurteilung der sozialen Kompetenz Ihrer Mitarbeiter professionelle Unterstützung. Sie besprach ihre Beobachtungen und Einschätzungen mit einer befreundeten Psychologin und stellte sich deren kritischen Fragen.

Rolf Streit: 2 Punkte

Rolf Streit hat seine Emotionen nur schwer im Griff und neigt zu Wutausbrüchen. Mit seiner Chefin und einigen Kollegen kommt er weniger gut zurecht und er kann deren Emotionen nicht wahrnehmen. Mandanten schätzen zwar sein Fachwissen, beklagen jedoch sein mangelndes Vermögen, auf ihre Bedürfnisse einzugehen. Rolf Streit meidet jeden privaten Kontakt zu Kollegen. Führungsaufgaben möchte er nicht übernehmen, da er sich seiner fehlenden Qualitäten auf diesem Gebiet bewusst ist.

Fatma Gülec: 8 Punkte

Fatma Gülec hat stets ein offenes Ohr für alle und pflegt auch in Ihrer Freizeit den Kontakt zu ihrem Kollegen Mario Spirelli. Sie bemüht sich, Ihre eigenen Schwächen auszugleichen, indem sie entsprechende Kurse absolviert. Für ihr jugendliches Alter beweist sie ein hohes Maß an Reife.

Mario Spirelli 4 Punkte

Mario Spirelli zeichnet sich durch großes
Einfühlungsvermögen aus. Er nimmt Stimmungen von
Kollegen und Mandanten wahr und kann adäquat reagieren.
Seine Emotionen hat er nicht immer unter Kontrolle. Speziell
montags zeigt er sich häufiger schlecht gelaunt

6.2.7 Effektivität und Effizienz

Die Begriffe Effektivität und Effizienz bauen aufeinander auf, werden aber häufig gleichbedeutend verwendet. Unterscheiden lassen sie sich durch die Frage nach dem „Was" und dem „Wie". Die Antworten lauten nach gängigen Definitionen:

1. „Die richtigen Dinge tun": Um effektiv zu arbeiten, muss man wissen, was genau zu tun ist, um ein definiertes Ziel zu erreichen.
2. „Die Dinge richtig tun": Um effizient zu arbeiten, müssen die Ergebnisse mit möglichst geringem Aufwand erzielt werden.

Die in einer Steuerkanzlei erbrachten Leistungen müssen in erster Linie sachlich und fachlich richtig sein, damit sie zum gewünschten Ergebnis und letztlich zur Zufriedenheit der Mandanten führen. Der dafür benötigte Zeitaufwand sollte sich in einem vertretbaren Zeitrahmen bewegen, Fristvorgaben müssen selbstverständlich erfüllt werden.

Mitarbeiter sind in unterschiedlichem Maß effizient bzw. effektiv. In einem bestimmten Ausmaß drücken sich diese Fähigkeiten über den erzielten Umsatz aus. In anderen Bereichen, wie der Kommunikation und Organisation sind sie nicht direkt messbar. Aber auch hier gilt wie in den anderen Bereichen: Die Kanzleileitung gibt für effektives und effizientes Arbeiten den Rahmen vor und sollte dafür folgende Fragen klären:

- Sind Standardprozesse identifiziert und gegebenenfalls automatisiert?
- Gibt es Checklisten für bestimmte Arbeiten?
- Stehen die zur schnelleren Prozessbearbeitung benötigten EDV-Programme zur Verfügung und werden sie genutzt?

Die Beurteilung der Mitarbeiter kann sich also nur darauf stützen, wie sich der Mitarbeiter in dem von der Kanzleileitung vorgegebenen und vorgelebten Rahmen bewegt.

Fallbeispiel 10:

Ines Teiler steht mit ihrer Prozessorganisation noch ganz am Anfang. Somit ist es den Mitarbeitern weitgehend selbst überlassen, wie sie sich organisieren, ihre Arbeiten planen und durchführen.

Rolf Streit: 4 Punkte

Obwohl sich Rolf Streit durch hohe Fachkompetenz auszeichnet, gelingt es ihm eher selten, seine Projekte organisiert, konzentriert und zielstrebig durchzuführen. Er lässt sich leicht ablenken, schafft es nicht, seine Unterlagen zu ordnen und muss sich deshalb nach längeren Pausen immer wieder aufs Neue in seine Projekte hineindenken.

Fatima Gülec: 6 Punkte

Fatma Gülec beweist ein gutes Selbstmanagement. Ihre Arbeit organisiert sie weitgehend selbständig und bedient sich zur

Beschleunigung von Abstimmungsarbeiten und Buchhaltungsprozessen etc. der EDV-Programme. Ihre Befürchtung, sich bloßzustellen, hindert sie oft daran, Sachverhalte bei Kollegen oder Chefin zu hinterfragen.

Mario Spirelli: 8 Punkte

Trotz geringerer Fachkompetenz organisiert Mario Spirelli seine Arbeiten und Prozesse sehr gut. Er nutzt alle verfügbaren Angebote und stimmt sich zielführend mit Chefin und Kollegen ab. Gerne unterstützt er auch die Kollegen.

6.2.8 Einhaltung und Verbesserung des Qualitätsmanagement-Systems

Ohne ein Qualitätsmanagement-System (QMS) werden Steuerkanzleien in Zukunft nicht mehr auskommen, vor allem dann nicht, wenn sie Mitarbeiter beschäftigen. Hier sind die in der Kanzlei geltenden Standards festgeschrieben sowie die Maßnahmen zur stetigen Verbesserung der Prozess- und Leistungsqualität. Wie das QMS im Einzelfall ausgestaltet ist, richtet sich nach den individuellen Anforderungen einer Kanzlei. Wichtig ist, dass es schriftlich dokumentiert sowie zertifiziert ist und laufend angepasst wird.

Die Einhaltung der Qualität ist kein Selbstzweck, sondern sichert nachhaltig den Erfolg der Steuerkanzlei, weil:

- Fehlerquoten, Haftungsrisiko, Kosten oder Risiken allgemein deutlich minimiert werden
- Einheitliche Standards die Kommunikation vereinfachen und damit das vorhandene Expertenwissen der Kanzlei für alle transparent und zugänglich ist
- Vorgegebene Ziele und Verfahren allen bekannt sind und damit deren Umsetzung gewährleistet ist
- Identifizierte Standardprozesse sowie definierte Schnittstellen effizientes und damit wirtschaftliches Arbeiten sichern

Entsprechend sollte ein besonders ausgeprägtes Engagement vor allem bei der Weiterentwicklung des Systems über das variable Vergütungssystem honoriert werden.

Fallbeispiel 11:

Die Einführung eines vor kurzem eingeführten QM-Systems in der Kanzlei von Ines Teiler wurde von den Mitarbeitern unterschiedlich aufgenommen und umgesetzt:

Rolf Streit: 0 Punkte

Von Beginn an positionierte sich Rolf Streit als Verweigerer des QM-Systems. Offen kommuniziert er, dass er es nicht zu schätzen weiß, wendet es entsprechend widerwillig an und brachte es fast zum Scheitern, da er es ständig zur Diskussion stellte.

Fatma Gülec: 8 Punkte

Fatma Gülec hatte das System gemeinsam mit ihrer Chefin ausgearbeitet und implementiert. Sie hat sich dafür tief in die Materie eingearbeitet und die Umsetzung mit In-House-Schulungen begleitet. Sie wendet das System an, in Stresssituationen vergisst sie es jedoch manchmal.

Mario Spirelli: 6 Punkte

Als IT-Spezialist unterstützte Mario Spirelli seine Kollegin Fatma Gülec bei der Umsetzung des Systems. Obwohl er sich exakt an die QM-Vorgaben hält, lässt er Ideen und konstruktive Beiträge zum weiteren Ausbau des Systems vermissen.

6.2.9 Akquise

Dass neue Mandanten nur vom Inhaber und anderen Berufsträgern akquiriert werden, gehört in den meisten Fällen der Vergangenheit an. In Kanzleien mit flachen Hierarchien stehen Mitarbeiter meist in engem Kontakt zu den Mandanten. Dementsprechend gewinnen Kanzleien heute einen großen Teil ihrer Neumandanten über die Mitarbeiter.

Mitarbeiter, die sich mit ihrer Steuerkanzlei identifizieren, neben kompetenter Beratung, zuvorkommende Betreuung und Service liefern, agieren – oft auch unbewusst – als „Brand Advocates", also im Sinne eines Marken-Botschafters.

Fragen Sie doch einfach Ihre neuen Mandanten, wie sie zu Ihrer Kanzlei gefunden haben. Fällt dann neben der Empfehlung durch andere Mandanten oder dem Hinweis auf die Internetseite häufig der Name des einen oder anderen Mitarbeiters, sollte dies als „Akquiseleistung" honoriert werden. Dieses empfiehlt sich auch für den Fall einer Erweiterung bestehender Mandantenaufträge, um die sich der Mitarbeiter durch das Angebot abrechenbarer, für Kanzlei und Mandant zielführender Zusatzleistungen bemüht hat.

Lebenswichtig sind für die Kanzlei aber nicht allein neue, sondern vor allem zufriedene Mandanten. Sie möglichst über viele Jahre an die Kanzlei zu binden, stellt deshalb ebenfalls einen Teil der Akquise dar. Mitarbeiter, denen sich aufgrund kompetenter Leistungen und einer vertrauensvollen Zusammenarbeit diese Verdienste zuschreiben lassen, sollten über das Kriterium „Akquise" ebenfalls belohnt werden.

Fallbeispiel 12:

Die Steuerkanzlei Teiler verfügt über einen treuen Mandantenstamm, der angemessen wächst. Da Ines Teiler für ihre Kanzlei ein eher mäßiges Wachstum anstrebt, verzichtet sie auf Investitionen in umfassende Werbemaßnahmen.

Rolf Streit: 2 Punkte

Während Rolf Streit wegen seiner ausgeprägten Fachkenntnisse von einigen Mandanten sehr geschätzt wird, drohten andere Mandanten mit einem Kanzleiwechsel, sollten sie weiterhin von ihm betreut werden. Als Grund nannten sie sein mangelndes Einfühlungsvermögen. Bisher ging noch kein einziges Neumandat auf das Konto von Rolf Streit.

Fatma Gülec: 4 Punkte

Wegen ihres sympathischen und gewinnenden Auftretens, gepaart mit kompetenter Leistung, bindet Fatma Gülec zahlreiche Mandanten, teils auch über mehrere Jahre an die Kanzlei. Einige dieser Mandanten haben sie weiterempfohlen und der Kanzlei neue Mandanten zugeführt.

Mario Spirelli: 6 Punkte

Mario Spirellis Onkel wünschte sich bei der steuerlichen Beratung seiner Kapitalgesellschaften von seinem Neffen betreut zu werden. Da er sehr zufrieden mit der Arbeit seines Neffen ist, gab es zahlreiche Neumandate auch aus diesem Bereich.

6.2.10 Unterordnung von Privatinteressen

Das Kind von Schule oder Kindergarten abholen, weil es plötzlich krank wurde, einen Arztbesuch oder einen wichtigen Termin wahrnehmen – nicht immer lässt es sich vermeiden, Privates während der Arbeitszeit zu erledigen. Ein hochsensibles Thema, das Fingerspitzengefühl und ein Gespür für Angemessenheit verlangt, vom Arbeitnehmer ebenso wie vom Arbeitgeber, um das Betriebsklima einerseits und das Vertrauensverhältnis andererseits nicht zu belasten. Denn letztlich sind Mitarbeiter nicht produktiv und verletzen auch ihre arbeitsvertragliche Pflicht, wenn sie im Internet Urlaubsangebote checken, aktuelle politische oder gesellschaftliche News verfolgen oder ausufernde Privatgespräche am Bürotelefon führen. Und Vorgesetzte, die jegliche private Aktivität rigoros verbieten und wenig Verständnis für Probleme der Mitarbeiter zeigen, können umgekehrt nicht deren uneingeschränktes Engagement erwarten, wenn es um Mehrarbeit oder Überstunden geht. Mitarbeiter, die das richtige Maß finden, denen es gelingt private Erledigungen mit optimalen Arbeitsergebnissen in Einklang zu bringen und nachweisbar zum Kanzleierfolg beizutragen, sollten über das Kriterium „Unterordnung von Privatinteressen" positiv bewertet werden.

Fallbeispiel 13:

Ines Teiler legt Wert auf ein angenehmes Arbeitsklima sowie auf die Zufriedenheit und Loyalität ihrer Mitarbeiter. Ihr Prinzip: „, Wenn die Arbeit erledigt ist, ist alles möglich." Ines

Teiler geht mit gutem Beispiel voran, indem sie die Interessen der Kanzlei über ihre privaten stellt.

Rolf Streit: 8 Punkte

Rolf Streit widmet sich während seiner Arbeitszeit einzig und allein den Aufgaben der Kanzlei. Private Angelegenheiten erledigt er in seiner Freizeit und ist jederzeit bereit, zusätzliche Arbeiten zu übernehmen.

Fatma Gülec: 2 Punkte

Ihre Freizeitaktivitäten organisiert Fatma Gülec weitgehend während ihrer Arbeitszeit und lässt sich häufig von privaten Angelegenheiten ablenken. Notwendige Überstunden leistet Fatma Gülec eher widerwillig.

Mario Spirelli 4 Punkte

Mario Spirelli leistet Überstunden und richtet sich während der Arbeitszeit ausschließlich nach den Kanzleiinteressen. Arbeiten, die ihm weniger liegen, übernimmt er nur sehr ungern.

6.2.11 Erscheinungsbild der Kanzlei

Die visuelle Wahrnehmung der Kanzlei – von der Gestaltung der Geschäftsräume bis zum Internetauftritt – spielt eine nicht zu unterschätzende Rolle. Denn das äußere Erscheinungsbild formt im Zusammenspiel mit u.a. dem allgemeinen Verhalten und Handeln (Corporate Behavior), der Kommunikation und der Firmenphilosophie sowohl innerbetrieblich als auch gegenüber Kunden, Geschäftspartnern und Lieferanten die Corporate Identity (CI) eines Unternehmens. Wird sie von Mandanten und Mitarbeitern als positiv und stimmig wahrgenommen, schafft sie – ähnlich wie im Punkt „soziale Kompetenz" beschrieben – Sympathie, Vertrauen, Sicherheit und Glaubwürdigkeit und führt letztlich zu einer emotionalen Bindung. Glaubt man psychologischen Forschungsergebnissen, basieren rationale Entscheidungen meist auf emotionalen Vorentscheidungen, vor allem wenn bei komplexen Dienstleistungen wie denen einer Steuerberatung die Qualität der Leistung für den Auftraggeber schwer einschätzbar ist.

Der erste Eindruck, zum Beispiel durch ein optisch ansprechendes Umfeld, ist also ein entscheidender Aspekt, wenn es um die Gewinnung neuer Mandanten und Mitarbeiter geht.

Prägend für das äußere Erscheinungsbild sind unter anderem:

- Architektur des Firmengebäudes
- Innengestaltung der Kanzleiräume

- Gepflegte Kleidung und zuvorkommendes Auftreten aller Mitarbeiter
- Geschäftsausstattung wie Briefpapier, Bilanzberichte, Werbemittel
- Internetseite und Auftritt in sozialen Netzwerken.

Mitarbeiter können in vielen Bereichen an der Gestaltung des Erscheinungsbildes der Kanzlei mitwirken. Ihr Beitrag dazu sollte im Rahmen der variablen Vergütung honoriert werden.

Fallbeispiel 14:

Da Ines Teiler in den letzten Jahren das optische Erscheinungsbild in manchen Bereichen der Kanzlei vernachlässig hatte, nahm sie sich jetzt die Zeit zu einem Relaunch ihrer Geschäftsausstattung – vom Logo über das Briefpapier bis zu gebrandeten Mandantengeschenken – und will zusätzlich auch den Internetauftritt und die Büroräume auffrischen.

Rolf Streit: 0 Punkte

Rolf Streit fehlt es an der Einsicht in die Notwendigkeit solcher Maßnahmen. Entsprechend leistete er keinen Beitrag zur Optimierung des Erscheinungsbildes.

Fatma Gülec: 7 Punkte:

Fatma Gülec entwickelte Ideen für ein neues Kanzlei-Logo, übernahm das Briefing der Grafikerin sowie die Ausschreibung für die Malerarbeiten in den Büroräumen. Sie betreute die Umsetzung und Durchführung aller Maßnahmen und kümmert sich das ganze Jahr über um den Blumenschmuck im Empfangsbereich und im Besprechungszimmer.

Mario Spirelli: 8 Punkte

Als Hobby-Fotograf sorgt er mit eigenen, den Jahreszeiten angepassten Aufnahmen für den attraktiven Wandschmuck in den Kanzleiräumen. Bei der Betreuung und Aktualisierung des Internetauftritts bringt er stets kreative und konstruktive Ideen ein. Weiterhin hat er in diesem Jahr den Standard-Bilanzbericht auf die Bedürfnisse der Mandaten angepasst.

6.2.12 Weitere mögliche Kriterien

Wie bereits gesagt, sind die bisher beschriebenen Beurteilungskriterien lediglich Beispiele, die je nach individuellen Erfordernissen und Prioritäten ergänzt oder ersetzt werden können. Mit Blick auf eine möglichst gerechte Beurteilung empfehle ich, mindestens fünf Kriterien festzulegen. Denn je mehr Kriterien herangezogen werden, desto weniger fallen Bewertungsfehler für das Gesamtergebnis ins Gewicht, bzw. lassen sich leichter ausgleichen. Vor allem hinterfragen Sie bei der Festlegung der Kriterien, was hinsichtlich der Zielsetzung und der Philosophie der Kanzlei wichtig ist und ob deren Erfüllung zum Kanzleierfolg beiträgt. Verlieren Sie sich also mit diesem System nicht in unbedeutenden Details, die für die Steuerkanzlei keinen Mehrwert bedeuten. Den goldenen Mittelweg zu finden zwischen Komplexität und Gerechtigkeit einerseits und Einfachheit und reduzierter Aussagekraft andererseits ist die Herausforderung.

Für Ines Teiler haben sich die oben beschriebenen Kriterien bewährt und als ausreichend erwiesen. Die Verteilung der Punkte – vor Gewichtung – ergibt folgendes Bild:

Kriterium	Streit	Gülec	Spirelli
Fortbildung	6	8	4
Fachliche Kompetenz	4	9	5
Innovationskraft	0	10	6
Abwesenheiten	10	4	8
Umsatz	10	4	6
Soziale Kompetenzen	2	8	4

Effizienz und Effektivität	*4*	*6*	*8*
QM-System	*0*	*8*	*6*
Akquise	*2*	*4*	*6*
Unterordnung Privatinteressen	*8*	*2*	*4*
Erscheinungsbild	*0*	*7*	*8*

6.3. Gewichtung

Nachdem alle für die Kanzlei maßgeblichen Kriterien für die Bewertung abgearbeitet sind, ergibt sich durch Addition aller vergebenen Punkte bei allen Kriterien eine Gesamtpunktzahl, die wegen der unterschiedlichen Wertigkeit der einzelnen Kriterien nur eine sehr geringe Aussagekraft hat. Deshalb muss diese Punktzahl pro Kriterium einheitlich gewichtet werden – sinnvollerweise in einer Bandbreite zwischen 1 und 5.

Die Überlegungen zur Gewichtung erfordern eine genaue Analyse und das Vier-Augen-Gespräch bei der Klärung der Fragen: Was erscheint im Einzelfall als wichtig und dient es der Fortentwicklung der Kanzlei? Auch wenn sich sowohl Gewichtung als auch Beurteilungskriterien im Laufe der Zeit ändern können, sollte eine gewisse Konstanz angestrebt werden. Schließlich haben Sie die Entwicklung der Mitarbeiter im Verlauf der Jahre stetig beobachtet und außerdem den Mitarbeitern vermittelt, was mit Blick auf deren Verhalten, Einstellung und Arbeitsweise in der Kanzlei in welchem Umfang wichtig ist.

Ines Teiler hat die Kriterien folgendermaßen gewichtet:

Kriterium	Gewichtung
Fortbildung	2
Fachliche Kompetenz	4
Innovationskraft	2
Abwesenheiten	1
Umsatz	4

Soziale Kompetenzen	4
Effizienz und Effektivität	1
QM-System	1
Akquise	1
Unterordnung Privatinteressen	1
Erscheinungsbild	4

Durch die Gewichtung der Kriterien ergibt sich durch Multiplikation der Punkte mit dem Gewichtungsfaktor pro Mitarbeiter eine gewichtete Punktzahl. Diese stellt sich pro Mitarbeiter wie folgt dar:

Rolf Streit

Kriterium	Punkte	Gewichtung	Gewichtete Punkte
Fortbildung	6	2	12
Fachliche Kompetenz	4	4	16
Innovationskraft	0	2	0
Abwesenheiten	10	1	10
Umsatz	10	4	40
Soziale Kompetenzen	2	4	8
Effizienz und Effektivität	4	1	4
QM-System	0	1	0
Akquise	2	1	2
Unterordnung Privatinteressen	8	1	8
Erscheinungsbild	0	4	0
Gesamt			**100**

Fatma Gülec

Kriterium	Punkte	Gewichtung	Gewichtete Punkte
Fortbildung	8	2	16
Fachliche Kompetenz	9	4	36
Innovationskraft	10	2	20
Abwesenheiten	4	1	4
Umsatz	4	4	16
Soziale Kompetenzen	8	4	32
Effizienz und Effektivität	6	1	6
QM-System	8	1	8
Akquise	4	1	4
Unterordnung Privatinteressen	2	1	2
Erscheinungsbild	7	4	28
Gesamt			**172**

Mario Spirelli

Kriterium	Punkte	Gewichtung	Gewichtete Punkte
Fortbildung	4	2	8
Fachliche Kompetenz	5	4	20
Innovationskraft	6	2	12
Abwesenheiten	8	1	8
Umsatz	6	4	24
Soziale Kompetenzen	4	4	16
Effizienz und Effektivität	8	1	8
QM-System	6	1	6
Akquise	6	1	6
Unterordnung Privatinteressen	4	1	4
Erscheinungsbild	8	4	32
Gesamt			144

6.4. Gesamte Kanzlei-Punkte

Nach der Gewichtung Punkte pro Beurteilungskriterium ergibt sich pro Mitarbeiter eine Gesamtpunktzahl und über alle Mitarbeiter die Summe aller vergebenen Punkte. Dieser rein rechnerische Vorgang lässt sich durch eine entsprechende Excel-Tabelle automatisieren.

Hier die Zusammenstellung der Gesamtzahl aller gewichteten Punkte über alle Mitarbeiter der Steuerkanzlei Teiler:

Kriterium	Streit	Gülec	Spirelli	Gesamt
Fortbildung	12	16	8	
Fachliche Kompetenz	16	36	20	
Innovationskraft	0	20	12	
Abwesenheiten	10	4	8	
Umsatz	40	16	24	
Soziale Kompetenzen	8	32	16	
Effizienz und Effektivität	4	6	8	
QM-System	0	8	6	
Akquise	2	4	6	
Unterordnung Privatinteressen	8	2	4	
Erscheinungsbild	0	28	32	
Gesamt	100	172	144	416

6.5. Verteilung „Gewinntopf"

Im ersten Schritt legte die Kanzlei-Leitung den für den Gewinntopf zur Verfügung stehenden Betrag fest. Nach der Ermittlung der Punktzahlen wird nun der Anteil eines jeden Mitarbeiters am Gewinntopf errechnet: Maßgebend ist das Verhältnis seiner Punkte zu den Gesamtpunkten sowie die Relation seines Gehaltes zu den Gesamtgehältern in der Kanzlei. Eine Umrechnung der Punkte in die Verhältnisse der regelmäßigen Arbeitszeiten ist nicht notwendig, weil dies über die Relation der Gehälter bereits berücksichtigt wurde. Auch hier wird der Rechenvorgang automatisch vollzogen.

Für die Kanzlei Teiler stellt sich die Verteilung des Gewinntopfs wie folgt dar:

Kriterium	Streit	Gülec	Spirelli	Gesamt
Gewichtete Punkte	100	172	144	416
	24,04%	41,35%	34,61%	100%
Jahresgehalt in EUR	48.000	36.000	30.000	114.000
	42,11%	31,58%	26,31%	100%
Mittel der Verhältnisse aus Punkten und Gehalt	33,07%	36,46%	30,47%	10.000
Sonderzahlung in EUR	3.307	3.646	3.047	10.000

6.6. Eventuelle Zu- und Abschläge

Auch wenn die Aufteilung des Gewinntopfs in der beschriebenen Form fixiert wurde, ist in manchen Situationen zu überlegen, die errechnete Ausschüttung in speziellen Fällen bei dem einen oder anderen Mitarbeiter zu kürzen oder aufzustocken. Das sollte jedoch die Ausnahme bleiben.

Hier ein Beispiel aus der Praxis, das veranschaulichen soll, warum ein solches Vorgehen gerechtfertigt sein kann: Der mehrmonatige Krankenstand eines Mitarbeiters meiner Kanzlei wurde über das Kriterium „Abwesenheit" mit 0 Punkten bewertet. Da dieses Kriterium aber lediglich mit dem Faktor 1 gewichtet wurde, wirkten sich die Bewertungspunkte entsprechend gering auf die Verteilung des Gewinntopfs aus.

Den engagierten Einsatz des Mitarbeiters, der die Abwesenheit des erkrankten Kollegen kompensiert hatte, haben wir über das Kriterium „Umsatz" honoriert. Das hatte jedoch wegen der besagten Deckelung nur begrenzte Auswirkung auf die gewichteten Punkte und die Höhe der Sondervergütung. In diesem Fall haben wir von der Möglichkeit eines Abschlags beim erkrankten Mitarbeiter und eines gleich hohen Zuschlags beim vertretenden Kollegen Gebrauch gemacht. Die Höhe des Gewinntopfs hat sich dadurch nicht geändert.

Ein weiteres Beispiel: Im Fall einer versäumten Einspruchsfrist für einen Schätz-Bescheid – zum Schaden der Kanzlei – reduzierten wir die ermittelte Sonderzahlung des entsprechenden Mitarbeiters. Dieser nicht alltägliche Fall ist

durch kein Bewertungskriterium abgebildet, könnte aber
durch Kürzung der Sonderzahlung berücksichtig werden.

7. Implementierung

Als Zeitpunkt für die Implementierung eines Vergütungssystems bietet sich der Kalenderjahreswechsel an. Die üblicherweise zum Ende eines Kalenderjahres abzurechnenden Sondervergütungen sollten auf den Beurteilungen und Einschätzungen des laufenden Kalenderjahres basieren. Die Kanzleileitung entscheidet, wann und in welcher Form sie das System einführt. Ein Rechtsanspruch auf eine Sondervergütung besteht nicht, sofern die unter 8. beschriebenen rechtlichen Aspekte berücksichtigt werden.

Da von oben verfügte Veränderungen mit Blick auf die Akzeptanz niemals konstruktiv sein können, muss auch dieses neue Vergütungsmodell überzeugend und stimmig in vertrauensbildenden Gesprächen kommuniziert werden. Wie Sie dabei vorgehen, hängt davon ab, wie geübt Kanzleileitung und Mitarbeiter in solchen Gesprächen sind. Kanzleien mit einer stark auf den Inhaber bzw. Berufsträger ausgerichteten Führungskultur sollten sich vor der Implementierung gemeinsam mit den Mitarbeitern über Ziele und Umsetzung verständigen und dabei die definierte Rolle für jeden Einzelnen klar festlegen und kommunizieren.

Leider zeigt die Erfahrung, dass meist nur wenige Mitarbeiter den mit der Einführung des neuen Vergütungssystems verbundenen Prozess begrüßen und vorantreiben. Die wenigen Befürworter müssen folglich die Passiven und Widerständler „mitnehmen", damit das neue

Vergütungsmodell von der gesamten Belegschaft wirklich akzeptiert wird.

Mitarbeiter und Führungskräfte an Veränderungen heranzuführen verlangt also nicht nur, dass Sie Ihre Erwartungen an eine neue Verteilung der Verantwortung konkret formulieren, sondern den Wandel zu einer auf Unterstützung, Kooperation und Vertrauen basierenden Unternehmenskultur glaubhaft vorleben.

Kanzleien mit flachen Hierarchien und Erfahrung bei der Mitarbeiterbeteiligung können die Implementierung angesichts ihrer bereits darauf angepassten Strukturen und Prozesse entsprechend schneller vorantreiben. Das wirkt sich sicher auch positiv auf die Akzeptanz aus, da die Mitarbeiter mit ihrer Rolle, die das neue Vergütungssystem verlangt, bereits vertraut sind. Grundsätzlich halte ich es für problematisch, die Einführung und Ausgestaltung im Detail allen oder einem Teil der Mitarbeiter zur Diskussion zu stellen. Einführung und Umsetzung dieses Systems ist eine Führungsaufgabe. Es kontinuierlich und zielführend weiterzuentwickeln verlangt selbstverständlich die Einbindung der Mitarbeiter. Fragen Sie in Einzelgesprächen gezielt nach deren Zufriedenheit, nach Anregungen und Kritik.

Nach der Einführung des Vergütungssystems wird die erste Sonderzahlung abgerechnet – üblicherweise am Ende des ersten Beobachtungsjahres. Sofern der Gewinntopf gewinn- oder umsatzabhängig eingerichtet wird, steht die Bemessungsgrundlage erst im Folgejahr endgültig fest. In diesem Fall empfiehlt es sich, auf Grundlage der betriebswirtschaftlichen Auswertungen Abschlagszahlungen abzurechnen und die Feinabstimmung dann vorzunehmen, wenn die endgültigen Zahlen vorliegen.

Nichts, auch nicht ein optimal ausgestaltetes Vergütungssystem, ist für die Ewigkeit. Auch Steuerkanzleien müssen mit der dynamischen Entwicklung in allen Bereichen der Wirtschaft Schritt halten und folglich ihr Vergütungssystem mindestens ein Mal im Jahr auf den Prüfstand stellen, um zu entscheiden, ob und an welchen Stellen gegebenenfalls Anpassungen notwendig sind. Das kann zum Beispiel der Fall sein, wenn das Auftragsvolumen oder die Zahl der Mitarbeiter wächst oder schrumpft, sich bisherige Aufgabenbereiche, Ziele oder Ausrichtung ändern. Bei der Analyse des Vergütungssystems werden Sie auch erkennen, ob Sie mit Ihrer Strategie weiterhin auf Erfolgskurs steuern.

8. Rechtliches

Die in diesem Buch beschriebene Sonderzahlung als zweite Säule eines Vergütungssystems stellt arbeitsrechtlich eine Bonuszahlung dar, die zusätzlich zum ohnehin geschuldeten Arbeitslohn bezahlt wird. Im Gegensatz zur Gratifikation beinhaltet die Bonuszahlung einen Leistungsbezug. Eine gesetzliche Grundlage zur Zahlung dieses Bonus existiert nicht. Sofern die Bonuszahlung im Arbeitsvertrag vereinbart oder eine entsprechende Betriebsvereinbarung dafür getroffen wurde, besteht ein Anspruch des Mitarbeiters, dem sich der Arbeitgeber nicht entziehen kann. Aber auch konkludent durch schlüssiges Handeln (betriebliche Übung) kann ein Anspruch des Arbeitnehmers entstehen. Regelmäßig ist dies nach der Rechtsprechung des BAG der Fall, wenn in drei aufeinanderfolgenden Jahren vorbehaltlos jeweils gleichartige Zahlungen an den Arbeitnehmer gezahlt werden. Auch kann ein Rechtsanspruch entstehen, wenn der Arbeitgeber an alle Mitarbeiter entsprechende Bonuszahlungen leistet, aber einem oder wenigen Mitarbeitern ohne tragenden Grund diese Vergünstigung nicht zukommen lässt. Hierin sieht das BAG eine sachlich nicht begründete oder willkürliche Ungleichbehandlung.

Zur Vermeidung dieses Rechtsanspruchs werden Freiwilligkeitsvorbehalte und/oder Widerrufsvorbehalte in Arbeitsverträge aufgenommen oder mit der Auszahlung dem Arbeitnehmer mitgeteilt. Insbesondere die Kombination von Freiwilligkeits- und Widerrufsvorbehalt hat des BAG als unzulässig verworfen. Aber auch die reinen Widerrufs- oder

Freiwilligkeitsvorbehalte unterliegen einer sehr strengen Prüfung. Es wird deshalb geraten, bei der Abfassung dieser Vorbehaltsregelungen anwaltlichen Rat einzuholen.

Zu beachten sind auch sogenannte Stichtagsklauseln und Rückzahlungsklauseln. Mit den Stichtagsklauseln wird die Auszahlung der Sonderzahlung davon abhängig gemacht, dass das Arbeitsverhältnis zum Auszahlungszeitpunkt noch besteht oder – weitergehend – nicht gekündigt ist. Rückzahlungsklauseln sehen eine (anteilige) Rückzahlungspflicht vor, wenn der Arbeitnehmer in einer bestimmten Zeit nach Auszahlung der Sonderzahlung aus von ihm zu vertretenden Gründen das Arbeitsverhältnis beendet. Da die in diesem Buch beschriebene Sonderzahlung erbrachte Leistungen abgilt, ist eine Stichtags- und Rückzahlungsklausel in der Regel unzulässig.

9. Fazit und Ausblick

Auch wenn dieses Buch in erster Linie die Prozesse zur Einführung eines Vergütungssystems beleuchtet, geht es bei der Konzeption und Umsetzung um mehr – um viel mehr: Das Tempo der Veränderungen nimmt rasant zu, nicht allein durch die von Gesetzgebern, Verwaltung, Gerichten und EU-Institutionen vorgegebenen Steuerrechtsänderungen, sondern auch durch die Herausforderungen unserer sogenannten VUCA-Welt. Das Akronym steht für *Volatility* (Unberechenbarkeit), *Uncertainty* (Unsicherheit), *Complexity* (Komplexität) und *Ambiguity* (Mehrdeutigkeit). Es beschreibt die Rahmenbedingungen, unter denen Unternehmen ebenso wie Kanzleien heute organisiert, Entscheidungen getroffen und Mitarbeiter geführt werden müssen. Das verlangt die klare Festlegung von Kompetenzbereichen, Aufgaben und Verantwortung, lebenslanges Lernen und neue Fähigkeiten. In einem volatilen, unbeständigen Umfeld bietet sich das „Siegelsche Vergütungssystem" als ein Instrument für zeitgemäßes Management. Es lässt sich jederzeit den aktuellen Anforderungen, Aufgaben und Zielsetzungen anpassen, so dass letztlich exakt die Faktoren honoriert werden, die zum Erfolg der Kanzlei beitragen.

Damit sind Kanzleileitung und Führungskräfte gezwungen, sich permanent mit den Anforderungen der VUCA-Welt auseinanderzusetzen, um Veränderungsprozesse vorausschauend einleiten bzw. kontinuierlich anpassen zu können. Indem Sie den Wandel professionell managen, halten Sie Ihre Kanzlei in allen Bereichen fit für die Zukunft.

Mit der Entscheidung für das „Siegelsche Vergütungsmodell" werden Sie den Aufwand für dessen Implementierung dem möglichen Ertrag gegenüberstellen. Während sich der Aufwand recht klar an Arbeitsstunden und Sachkosten ablesen lässt, ist der Ertrag ungleich schwerer abschätzbar. Zum einen liegt er auf der Zeitachse hinter dem Aufwand und zum anderen ist er nicht einfach in Form von eingesparten Kosten oder zusätzlichem Umsatz zu beziffern.

Aus mittlerweile dreijähriger Erfahrung sowie ersten, sehr positiven und konstruktiven Ergebnissen aus der Befragung der Mitarbeiter zu ihrer Selbsteinschätzung kann ich Ihnen jedoch in Aussicht stellen, dass der Mehrwert, gemessen am monetären und zeitlichen Aufwand, mittelfristig sehr viel höher ausfallen wird, vorausgesetzt Sie setzen das von mir beschriebene Modell konsequent und nachhaltig um.

Mit einem stetig zunehmenden ganzheitlichen Blick auf alle Belange der Kanzlei haben sich die Mitarbeiter meiner Kanzlei zu wertvollen Mit-Entscheidern entwickelt. Ihr Feedback liefert, mit Blick auf die Zukunftssicherung der Kanzlei, Impulse für notwendig werdende Prozessverbesserungen sowie vorausblickende Anpassung von Strategien und Zielen.

Der persönliche „Mehrwert" wird durch ein positives Betriebsklima und eine gesteigerte Lebensqualität aller Führungskräfte spürbar: Sie werden von fachlichen Aufgaben, aber auch bei Organisation und Kontrolle entlastet, weil ihre Mitarbeiter mehr Verantwortung für ihre Aufgaben übernehmen können und auch wollen und dabei selbständiger und fehlerfreier arbeiten. Das wiederum wirkt sich auf Motivation, Engagement, Leistungsbereitschaft und Arbeitsergebnisse aus, stärkt Selbstvertrauen, Zufriedenheit und letztlich die Identifikation mit Ihrer Kanzlei.

10. Über den Autor: Prof. Dr. Thomas Siegel

Abb. 0.1.: Prof. Dr. Siegel

Thomas Siegel (siehe Abb. 0.1.) wurde 1965 in München geboren. Nach seiner Schulausbildung, die er im Jahr 1983 an der Fachoberschule in Wasserburg am Inn mit der Fachhochschulreife abschloss, nahm er ein Studium der Betriebswirtschaft mit Schwerpunkt Steuerlehre an der Fachhochschule München auf. Im Jahr 1988 schloss Thomas Siegel sein Studium als Diplom-Betriebswirt (FH) ab. Anschließend absolvierte er seinen Wehrdienst beim Fliegerhorst Erding.

Nach mehrjähriger, beruflicher Tätigkeit als Betriebswirt unter anderem für die BTU Treuhand Union, legte Thomas Siegel im Jahr 1993 das Examen als Steuerberater ab und ließ sich in dem folgenden Jahr in Zorneding als selbstständiger Steuerberater nieder. Zwei Jahre später kaufte er die Steuerkanzlei seines Vaters Anton Siegel, die er seitdem als alleiniger Inhaber führt. Im Jahr 2011 promovierte er über den „Einfluss von Beratung von Existenzgründern in der Vor-Gründungsphase und Gründungsphase auf den Erfolg" an der Universität Bratislava und erhielt für seine Arbeit den Doktortitel *philosophiae doctor* (PhD.). Im Jahr 2015 wurde Dr. Thomas Siegel zum Professor für „Medienwissenschaft/ BWL" an der Mediadesign Hochschule München im Studiengang „Medienmanagement" berufen. Neben seiner Tätigkeit in der Lehre, als Kanzleiinhaber und selbstständiger Steuerberater engagiert sich Prof. Dr. Siegel in der Gründungsberatung und hält hierzu Fachvorträge bei Verbänden, Behörden, Vereinen und Banken. Der passionierte Familienmensch und Vater zweier Söhne liebt das Wandern, Radfahren und die Berge und Natur in seiner malerischen Heimat sowie anderswo.

11. Impressum und Bildnachweis

Umschlagfoto: © REDPIXEL /fotolia

Impressum:
„Was Mitarbeiter wirklich motiviert: Ein Bonussystem für Steuerkanzleien"
von Prof. Dr. Thomas Siegel
© 2017
Herstellung und Verlag: BoD – Books on Demand, Norderstedt.
ISBN: 9783746030258